Mijn tweetalige prentenboek

İki Dilli Resimli Kitabım

Sefa's mooiste kinderverhalen in één bundel

Ulrich Renz • Barbara Brinkmann:

Slaap lekker, kleine wolf · İyi uykular, küçük kurt

Voor kinderen vanaf 2 jaar en ouder

Cornelia Haas • Ulrich Renz:

Mijn allermooiste droom · En Güzel Rüyam

Voor kinderen vanaf 2 jaar en ouder

Ulrich Renz • Marc Robitzky:

De wilde zwanen · Yaban kuğuları

Een sprookje naar Hans Christian Andersen

Voor kinderen vanaf 5 jaar en ouder

Special thanks to Paul Bödeker, Freiburg, Germany

ISBN: 9783756304226

sefa

Lezen · Luisteren · Begrijpen

Slaap lekker, kleine wolf

İyi uykular, küçük kurt

Ulrich Renz / Barbara Brinkmann

Nederlands tweetalig Turks

Vertaling:

Jonathan van den Berg (Nederlands)

Şerife Aydoğmuş (Turks)

Luisterboek en video:

www.sefa-bilingual.com/bonus

Gratis toegang met het wachtwoord:

Nederlands: **LWNL2321**

Turks: **LWTR2927**

Goedenacht, Tim! We zoeken morgen verder.

Voor nu slaap lekker!

İyi geceler Tim, yarın aramaya devam ederiz.

Şimdi güzelce uyu!

Buiten is het al donker.

Hava karardı.

Wat doet Tim daar?

Peki Tim ne yapıyor?

Hij gaat naar de speeltuin.

Wat zoekt hij daar?

Dışarı çıkıyor, parka gidiyor.

Orda aradığı nedir?

De kleine wolf!

Zonder hem kan hij niet slapen.

Küçük peluş kurdu!

Onsuz uyuyamıyor.

Wie komt daar aan?

Kimdir şurdan gelen?

Marie! Ze zoekt haar bal.

Marie! O da topunu arıyor.

En wat zoekt Tobi?

Tobi ne arıyor peki?

Zijn graafmachine.

Vinçini.

En wat zoekt Nala?

Peki Nala ne arıyor?

Haar pop.

Bebeğini.

Moeten de kinderen niet naar bed?

De kat is erg verwonderd.

Çoçukların yatağa gitmeleri gerekmiyor mu?

Kedi çok şaşırıyor.

chez Martin
7
vitrerie

Wie komt er nu aan?

Şimdi kim geliyor?

De mama en papa van Tim!

Zonder hun Tim kunnen zij niet slapen.

Tim'in Annesi ve Babası!

Tim olmadan uyuyamıyorlar.

En er komen nog meer! De papa van Marie.

De opa van Tobi. En de mama van Nala.

Bir çok kişi daha geliyor! Marie’nin Babası.

Tobi’nin Dedesi. Ve Nala’nın Annesi.

Nu snel naar bed!

Hadi ama çabuk yatağa!

Goedenacht, Tim!

Morgen hoeven we niet meer te zoeken.

İyi geceler, Tim!

Sabahleyin aramak zorunda değiliz artık.

Slaap lekker, kleine wolf!

İyi uykular, küçük kurt!

Cornelia Haas • Ulrich Renz

Mijn allermooiste droom

En Güzel Rüyam

Vertaling:

Gino Morillo Morales (Nederlands)

Beyza Günsür (Turks)

Luisterboek en video:

www.sefa-bilingual.com/bonus

Gratis toegang met het wachtwoord:

Nederlands: **BDNL2321**

Turks: **BDTR2927**

Mijn allermooiste droom

En Güzel Rüyam

Cornelia Haas · Ulrich Renz

Nederlands tweetalig Turks

Lulu kan niet slapen. Alle anderen zijn al aan het dromen – de haai, de olifant, de kleine muis, de draak, de kangoeroe, de ridder, de aap, de piloot. En het leeuwenwelpje. Zelfs de beer heeft moeite om zijn ogen open te houden ...

Hé beer, neem je me mee in je dromen?

Lulu uykuya dalamıyor. Diğer herkes rüya görmeye başladı bile – köpekbalığı, fil, küçük fare, ejderha, kanguru, şövalye, maymun, uçak kaptanı. Ve aslan yavrusu. Ayıcığın da gözleri kapanıyor...

Ayıcık, beni de yanında rüyana götürür müsün?

En zo bevindt Lulu zich in berendromenland. De beer is vissen aan het vangen in Meer Tagayumi. En Lulu vraagt zich af: wie woont daarboven in de bomen?

Wanneer de droom voorbij is, wil Lulu nog meer beleven. Kom mee, laten we de haai bezoeken! Wat zou hij nu dromen?

Hemencecik Lulu ayıcık hayal dünyasına varıyor. Ayıcık, Tagayumi gölünde balık tutuyor. Ve Lulu ağaçların tepesinde acaba kimlerin yaşadığını merak ediyor.

Rüya bittiğinde Lulu daha da fazlasını yaşamak istiyor. Haydi gelin, köpek balığını ziyaret edelim! Acaba o rüyasında ne görüyor?

De haai speelt tikkertje met de vissen. Eindelijk heeft ook hij vrienden! Niemand is bang voor zijn scherpe tanden.
Wanneer de droom voorbij is, wil Lulu nog meer beleven. Kom mee, laten we de olifant bezoeken! Wat zou hij nu dromen?

Köpekbalığı balıklarla yakalamaca oynuyor. Nihayet arkadaşları oldu! Kimse onun sivri dişlerinden korkmuyor.

Rüya bittiğinde Lulu daha da fazlasını yaşamak istiyor. Haydi gelin, fili ziyaret edelim. Acaba o rüyasında ne görüyor?

De olifant is zo licht als een veertje en kan vliegen! Hij staat op het punt om te landen in de hemelse weide.

Wanneer de droom voorbij is, wil Lulu nog meer beleven. Kom mee, laten we de kleine muis bezoeken! Wat zou zij nu dromen?

Fil bir tüy kadar hafif ve uçabiliyor! Birazdan bir cennet bahçesine iniş yapacak.
Rüya bittiğinde Lulu daha da fazlasını yaşamak istiyor. Haydi gelin, küçük fareyi ziyaret edelim. Acaba o rüyasında ne görüyor?

De kleine muis is naar de kermis aan het kijken. De achtbaan vindt ze het leukste.

Wanneer de droom voorbij is, wil Lulu nog meer beleven. Kom mee, laten we de draak bezoeken! Wat zou hij nu dromen?

Küçük fare lunaparkı izliyor. En çok hız trenini beğeniyor.
Rüya bittiğinde Lulu daha da fazlasını yaşamak istiyor. Haydi gelin,
ejderhayı ziyaret edelim. Acaba o rüyasında ne görüyor?

De draak heeft dorst van al het vuurspugen. Hij zou graag het hele limonademeer leegdrinken.

Wanneer de droom voorbij is, wil Lulu nog meer beleven. Kom mee, laten we de kangoeroe bezoeken! Wat zou zij nu dromen?

Ejderha ateş püskürtmekten susamış. İçinden bütün limonata gölünü içmek geliyor.

Rüya bittiğinde Lulu daha da fazlasını yaşamak istiyor. Haydi gelin, kanguruyu ziyaret edelim. Acaba o rüyasında ne görüyor?

De kangoeroe springt door de snoepfabriek en vult haar buidel. Nog meer gummibeertjes! En drop! En chocolade!
Wanneer de droom voorbij is, wil Lulu nog meer beleven. Kom mee, laten we de ridder bezoeken! Wat zou hij nu dromen?

Kanguru şekerleme fabrikasında zıplayıp, kesesini tıka basa dolduruyor. Mavi şekerlerden daha fazla! Ve daha fazla lolipop! Bir de çikolata! Rüya bittiğinde Lulu daha da fazlasını yaşamak istiyor. Haydi gelin, şövalyeyi ziyaret edelim. Acaba o rüyasında ne görüyor?

De ridder is bezig met een taartgevecht met de prinses van zijn dromen.
Oeps! De slagroomtaart gaat ernaast!
Wanneer de droom voorbij is, wil Lulu nog meer beleven. Kom mee, laten we de aap bezoeken! Wat zou hij nu dromen?

Şövalye hayalindeki prenses ile pasta savaşı yapıyor. Tüh! Kremalı pastayı tutturamadı.

Rüya bittiğinde Lulu daha da fazlasını yaşamak istiyor. Haydi gelin, maymunu ziyaret edelim. Acaba o rüyasında ne görüyor?

Eindelijk is er sneeuw gevallen in Apenland. De hele groep apen is door het dolle heen. Het is een echte apenkooi.

Wanneer de droom voorbij is, wil Lulu nog meer beleven. Kom mee, laten we de piloot bezoeken! Wat zou hij nu dromen?

Nihayet maymunlar dünyasında kar yağdı! Maymunlar çetesi sevinçten çıldırıyor ve maskaralık yapıyor.

Rüya bittiğinde Lulu daha da fazlasını yaşamak istiyor. Haydi gelin, uçak kaptanını ziyaret edelim. Acaba o rüyasında ne görüyor?

De piloot vliegt verder en verder. Naar het einde van de wereld en nog verder, helemaal tot aan de sterren. Geen andere piloot heeft dat ooit gedaan. Wanneer de droom voorbij is, is iedereen al heel moe en willen ze niet meer zo veel beleven. Maar toch willen ze het leeuwenwelpje nog bezoeken. Wat zou zij nu dromen?

Kaptan uçtukça uçuyor. Dünyanın sonuna kadar, hatta daha uzağa, yıldızlara kadar. Bunu başka hiç bir uçak kaptanı başaramadı. Rüya bittiğinde herkes çok yorgun ve daha fazlasını yaşamak istemiyorlar. Ama son olarak aslan yavrusunu da ziyaret etmek istiyorlar. Acaba o rüyasında ne görüyor?

Het leeuwenwelpje heeft heimwee en wil terug naar haar warme, knusse bed.
Dat willen de anderen ook.

En daar begint ...

Yavru aslan evini özlüyor ve sıcacık, rahat yatağa dönmek istiyor.
Diğerleri de.

Ve orada başlıyor…

... Lulu's allermooiste droom.

... Lulu'nun

en güzel rüyası.

Ulrich Renz • Marc Robitzky

De wilde zwanen

Yaban kuğuları

Vertaling:

Christa Kleimaker (Nederlands)

Gizem Pekol (Turks)

Luisterboek en video:

www.sefa-bilingual.com/bonus

Gratis toegang met het wachtwoord:

Nederlands: **WSNL2121**

Turks: **WSTR2927**

sefa

Ulrich Renz · Marc Robitzky

De wilde zwanen

Yaban kuğuları

Een sprookje naar

Hans Christian Andersen

Nederlands tweetalig Turks

Er waren eens twaalf koningskinderen – elf broers en een grote zus, Elisa. Ze leefden gelukkig in een prachtig kasteel.

Bir varmış, bir yokmuş. Evvel zaman içinde, kalbur saman içinde; pireler berber, develer tellal iken, ben annemin, babamın beşiğini tıngır mıngır sallar iken, az gittim, uz gittim, dere tepe düz gittim, birde döndüm baktım ki bir arpacık yol gitmişim.

Derken bir kralın oniki çocuğu varmış. Kardeşlerin onbiri erkek, en büyükleri ise Elisa isminde bir kız imiş. Hep birlikte çok güzel bir sarayda mutlu mesut yaşıyorlarmış.

Op een dag stierf hun moeder en een poosje later trouwde de koning opnieuw. Maar de nieuwe vrouw was een boze heks. Ze toverde de elf prinsjes om in zwanen en stuurde ze naar een vreemd land heel ver weg, aan de andere kant van het grote bos.

Günün birinde anneleri ölmüş. Kısa zaman sonra kral başka bir kadınla evlenmiş. Ama yeni karısı aslında bir cadı imiş. Bu cadı onbir prensi kuğulara dönüştürüp onları çok uzak bir ülkenin derin ormanına yollamış.

Ze kleedde het meisje in vodden en smeerde haar een zalfje op het gezicht dat haar zo lelijk maakte dat zelfs haar eigen vader haar niet meer herkende en haar uit het kasteel verjaagde. Elisa rende het donkere bos in.

Kızı da eski püskü giydirip yüzüne onu çirkinleştiren bir merhem sürmüş. Okadar çirkin olmuş ki babası onu tanıyamayıp sarayından kovalamış. Elisa karanlık ormana koşmuş.

Nu was ze helemaal alleen, en verlangde in het diepst van haar ziel naar haar verdwenen broers. Toen de avond viel maakte ze onder de bomen een bed van mos.

Şimdi prenses öyle yalnız kalmış ki, kardeşlerinin hepsini kalbinin derinliklerinde çok özlediğini hisseder olmuş. Gece olduğunda kızcağız kendine ağaçların altında yosunlardan bir döşek yapmış.

De volgende ochtend kwam ze bij een stille vijver en schrok ze toen ze daarin haar eigen spiegelbeeld zag. Maar nadat ze zich had gewassen, was ze het mooiste koningskind onder de zon.

Ertesi sabah durgun bir göldeki suda kendi yüzünü görüp çok korkmuş. Ama gölde yıkandıktan sonra güneşin altındaki en güzel prenses oluvermiş.

Na vele dagen bereikte Elisa de grote zee. Op de golven schommelden elf zwanenveren.

Günler sonra Elisa açık denize varmış. Dalgaların üstünde onbir tane kuğu tüyünün yüzdüğünü görmüş.

Toen de zon onderging, ruisde er iets in de lucht en elf wilde zwanen landden op het water. Onmiddellijk herkende Elisa haar elf betoverde broers. Maar omdat ze de zwanentaal spraken, kon zij hen niet verstaan.

Tam güneşin battığı anda gökten bir uğultuyla beraber onbir tane yaban kuğusu denize inmiş. Elisa büyülü kardeşlerini hemen tanımış. Ama kuğu dilini konuştukları için onların ne dediklerini anlayamamış.

Overdag vlogen de zwanen weg, maar ‘s nachts vlijden de broers en zus zich in een grot tegen elkaar aan.

In een nacht had Elisa een vreemde droom: Haar moeder vertelde haar hoe ze haar broers kon bevrijdden. Ze moest voor iedere zwaan een hemdje van brandnetels breien en het dan over hem heen werpen. Tot die tijd mocht ze geen woord spreken, want anders zouden de broers sterven.
Elisa ging gelijk aan het werk. Hoewel haar handen brandden als vuur, breide ze onvermoeid door.

Gündüzleri kuğular uzaklara uçup, geceleri mağaranın içine sığınarak, birbirlerine sarılıp uyuyorlarmış.

Bir gece Elisanın annesi rüyasına girmiş ve ona kardeşlerini nasıl bu büyüden kurtarabileceğini söylemiş. Herbirine ısırgan otundan birer gömlek örüp üzerlerine atmasını anlatmış. Bunu başarıncaya kadar hiçkimseyle konuşmaması şart imiş, yoksa kardeşleri ölecekmiş.
Elisa hemen örmeye başlamış. Isırgan otu ellerini çok kötü yaktığı halde, yorulmadan örmeye devam etmiş.

Op een dag klonken er in de verte jachthoorns. Een prins met zijn gevolg kwam aangereden en stond al snel voor haar. Toen ze elkaar in de ogen keken, werden ze verliefd.

Bir gün uzaktan avcıların borazan sesleri gelmiş. Ve de kısa bir süre sonra karşısında prens ile birlikte olan avcılarla karşılaşmışlar. Gözgöze geldikleri anda, birbirlerine aşık olmuşlar.

De prins tilde Elisa op zijn paard en reed met haar naar zijn kasteel.

Prens, Elisayı kucakladığı gibi atın üstüne alıp onu kendi sarayına götürmüş.

De machtige schatbewaarder was over de aankomst van het stomme meisje helemaal niet blij. Zijn eigen dochter zou de bruid van de prins moeten worden.

Saraydaki güçlü vezir bu dilsiz güzelin gelmesinden hiç hoşlanmamış. Çünkü prensin kendi kızıyla evlenmesini istiyormuş.

Elisa was haar broers niet vergeten. Iedere avond werkte ze verder aan de hemdjes. Op een nacht sloop ze naar het kerkhof om verse brandnetels te plukken. Daarbij had de schatbewaarder haar in het geheim gade geslagen.

Elisa kardeşlerini hiç unutmamış, her gece gömleklerini örmeye devam etmiş. Bir gece mezarlıktan taze ısırgan otu toplamaya gitmiş. Sarayın veziri, onu görüp takip etmiş.

Zodra de prins op jacht was, liet de schatbewaarder Elisa in de kerker gooien. Hij beweerde dat zij een heks was die 's nachts andere heksen ontmoette.

Prensin ava gittiği bir gün vezir, Elisayı cadılıkla suçlayıp geceleri başka cadılarla buluşma bahanesiyle zindana attırmış.

Bij het aanbreken van de dag werd Elisa door de bewakers opgehaald. Ze zou op de markt worden verbrand.

Gün ağarırken gardiyanlar Elisayı alıp pazar yerinde yakmak istemişler.

Nauwelijks waren ze daar aangekomen toen plotseling elf witte zwanen aangevlogen kwamen. Snel gooide Elisa iedere zwaan een brandnetel-hemdje over. Al gauw stonden al haar broers als mensen voor haar. Alleen de kleinste, wiens hemdje nog niet helemaal klaar was, had nog een vleugel in plaats van een arm.

Oraya tam vardıkları anda onbir beyaz kuğu birden meydana inmiş. Elisa alel acele, hepsinin üstüne birer gömlek atmış. O anda kardeşlerinin hepsi tekrar birer prens olarak karşısında durmuş. Ama kardeşlerinin en küçüğünün gömleği tam bitmediği için bir kolu kanat olarak kalmış.

Het omhelzen en kussen van de broers en zus was nog niet afgelopen toen de prins terugkeerde. Eindelijk kon Elisa hem alles uitleggen. De prins liet de boze schatbewaarder in de kerker gooien. En daarna werd er zeven dagen lang bruiloft gevierd.

En ze leefden nog lang en gelukkig.

Daha kardeşleriyle sarılıp kucaklaşırken, prens geri gelmiş. Nihayet Elisa, prense her şeyi anlatabilmiş. Prens ise kötü veziri zindana attırmış. Sonrada prens ile Elisanın yedi gün yedi gece düğünleri yapılmış.

Ve sonsuza kadar mutlu yaşamışlar.

Hans Christian Andersen

Hans Christian Andersen werd 1805 in de Deense stad Odense geboren en overleed in 1875 te Kopenhagen. Door de sprookjes zoals “De kleine zeemeermin”, “De nieuwe kleren van de keizer” of “Het lelijke eendje” werd hij wereldberoemd. Dit sprookje, “De wilde zwanen”, werd voor het eerst in 1838 gepubliceerd. Het werd sindsdien in meer dan honderd talen vertaald en in vele versies o.a. ook voor het theater, film en musical bewerkt.

Barbara Brinkmann werd geboren in 1969 in München (Duitsland). Ze studeerde architectuur in München en is momenteel werkzaam bij de faculteit Bouwkunde van de Technische Universiteit van München. Ze werkt ook als grafisch ontwerper, illustrator en auteur.

Cornelia Haas werd geboren in 1972 in Ichenhausen bij Augsburg (Duitsland). Ze studeerde design aan de Hogeschool van Münster, waar ze als ontwerpster afstudeerde. Sinds 2001 illustreert ze boeken voor kinderen en jongeren en sinds 2013 doceert ze acryl- en digitale schilderkunst aan de Hogeschool Münster.

Marc Robitzky, geboren in 1973, studeerde aan de technische kunstschool in Hamburg en de Academie voor Beeldende Kunsten in Frankfurt. Hij werkte als zelfstandig illustrator en communicatie designer in Aschaffenburg (Duitsland).

Ulrich Renz werd geboren in 1960 in Stuttgart (Duitsland). Hij studeerde Franse literatuur in Parijs en geneeskunde in Lübeck, waarna hij als directeur van een wetenschappelijke uitgeverij werkte. Vandaag de dag is Renz freelance auteur en schrijft hij naast non-fictie ook boeken voor kinderen en jongeren.

Hou je van tekenen?

Hier vindt je alle illustraties van het verhaal om in te kleuren:

www.sefa-bilingual.com/coloring

www.ingramcontent.com/pod-product-compliance
Lightning Source LLC
LaVergne TN
LVHW070442080526
838202LV00035B/2709